의좋은 형제는 광합성으로 벼를 키워

글쓴이 **윤초록**
문예창작을 공부하고, 어린이책을 쓰고 있습니다. 쓴 책으로는 《라면과 함께라면》이 있습니다.

그린이 **김윤정**
만화 예술학을 전공하고, 영국에서 어린이 문학과 일러스트레이션, 디자인을 공부했습니다.
어려운 이야기를 재밌고 귀여운 그림으로 그리는 걸 좋아합니다. 그린 책으로 《꽃물그릇 울퉁이》, 《시끌벅적 할 말 많은 곤충들》, 《달에서 온 뿡야 시리즈 3권》, 《오찍이》, 《열하일기로 떠나는 세상 구경》, 《북한 떡볶이는 빨간 맛? 파란 맛?》, 《해와 달이 된 오누이가 태양계를 만들어》, 《질문하는 정치 사전》 등이 있습니다.

과학 품은 전래 동화
의좋은 형제는 광합성으로 벼를 키워

초판 1쇄 발행 2023년 4월 28일 | **초판 2쇄 발행** 2024년 2월 29일
글쓴이 윤초록 | **그린이** 김윤정
펴낸이 홍석 | **이사** 홍성우 | **편집부장** 이정은 | **책임편집** 조유진 | **편집** 정미진 | **디자인** 권영은·김영주 | **외주디자인** 신영미
마케팅 이송희·김민경 | **제작** 홍보람 | **관리** 최우리·정원경·조영행·김지혜
펴낸곳 도서출판 풀빛 | **등록** 1979년 3월 6일 제2021-000055호 | **제조국** 대한민국 | **사용 연령** 6세 이상
주소 서울 강서구 양천로 583, 우림블루나인 비즈니스센터 A동 21층 2110호
전화 02-363-5995(영업) 02-362-8900(편집) | **팩스** 070-4275-0445
전자우편 kids@pulbit.co.kr | **홈페이지** www.pulbit.co.kr
블로그 blog.naver.com/pulbitbooks | **인스타그램** instagram.com/pulbitkids

ISBN 979-11-6172-574-1 73400

ⓒ 김윤정

*책값은 뒤표지에 표시되어 있습니다. *파본이나 잘못된 책은 구입하신 곳에서 바꿔 드립니다.
*종이에 베이거나 긁히지 않도록 조심하세요. *책 모서리가 날카로우니 던지거나 떨어뜨리지 마세요.

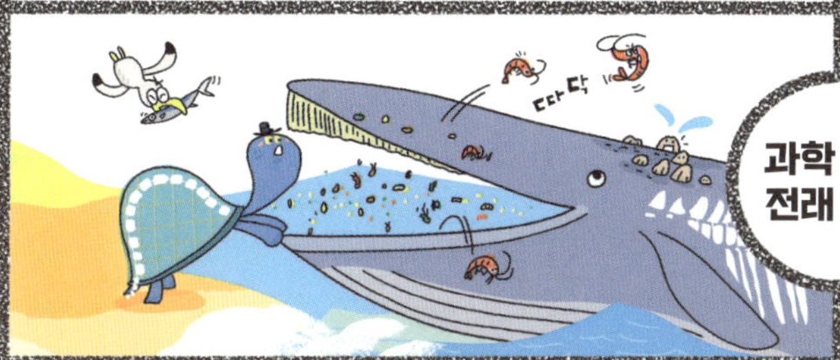

과학 품은 전래 동화

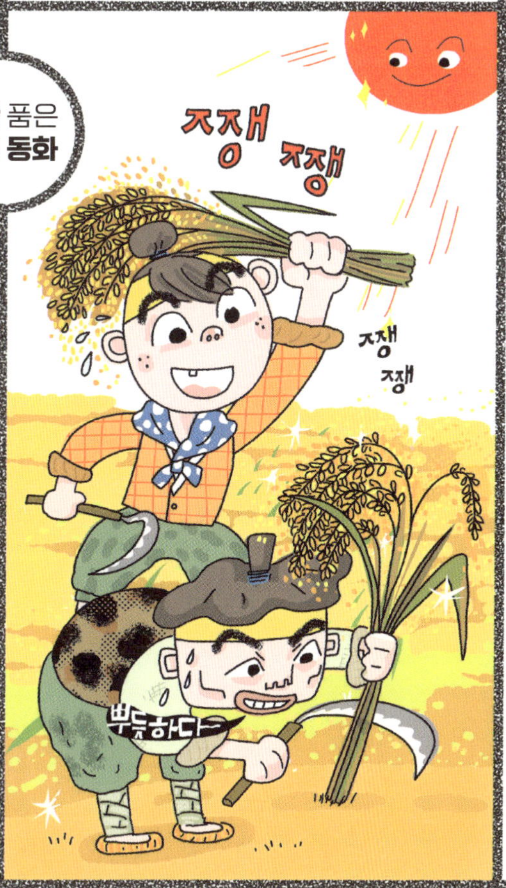

의좋은 형제는 광합성으로 벼를 키워

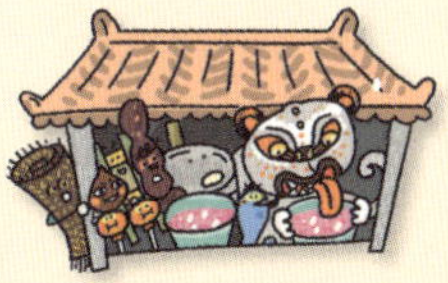

윤초록 글 | 김윤정 그림

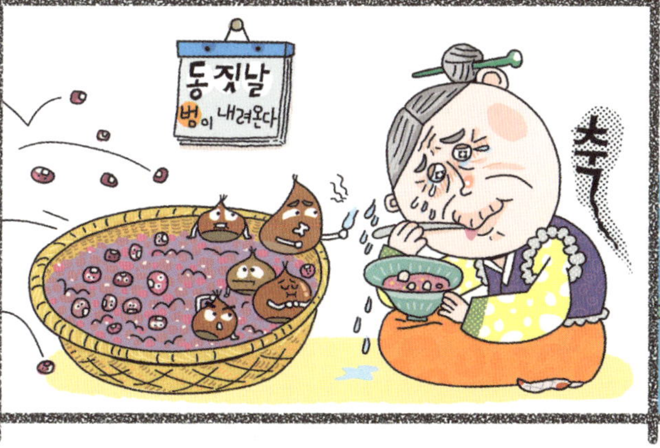

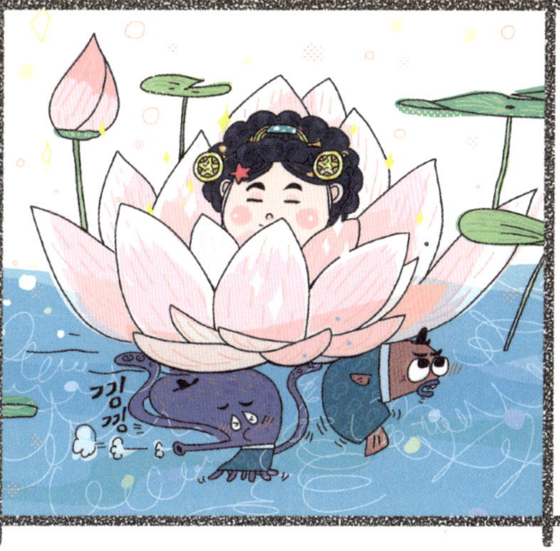

풀빛

차례

이 책의 특징 … 6

의좋은 형제 8

전래 동화가 품은 과학①
형제가 벼를 베어 낸 자리에서 내년에도 벼가 자랄까? … 18
식물의 한살이에는 햇빛이 꼭 필요해! … 20

땅이 흔들리는 까닭 22

전래 동화가 품은 과학②
정말 거인 때문에 땅이 흔들린다고? … 32
땅속은 어떻게 생겼을까? … 34

효녀 심청 36

전래 동화가 품은 과학③
우리도 효녀 심청처럼 바닷속에서 숨 쉴 수 있을까? … 46
다양한 동물들의 특징 … 48

팥죽 할머니와 호랑이 50

전래 동화가 품은 과학 ④
호랑이가 기다린 동지는 무슨 날이야? … 60
계절은 왜 변할까? … 62

선비와 갈모 64

전래 동화가 품은 과학 ⑤
맑은 하늘에 왜 갑자기 소나기가 내렸을까? … 74
기후 변화가 지구를 위협하고 있어! … 76

훈장님과 꿀단지 78

전래 동화가 품은 과학 ⑥
학동들은 꿀의 단맛을 어떻게 알았을까? … 88
단맛이 우리의 입맛과 건강을 해쳐! … 90

이 책의 특징

〈의좋은 형제는 광합성으로 벼를 키워〉
이렇게 읽어 봐!

전래 동화
우리가 잘 아는 전래 동화가 교과서 속 과학을 품고 있대!

생동감 있는 삽화
우와, 동화책이야, 그림책이야? 그림이 많아서 술술 읽혀!

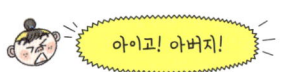

재미난 만화
때로는 재미난 만화로 전래 동화를 읽어 봐! 다 아는 이야기라도 100배 더 재밌다고!

그림으로 배우는 과학
각 전래 동화가 품고 있는 가장 중요한 과학 내용을 질문과 답으로 정리해 놓았어.

핵심만 쏙 뽑아서 머릿속에 쏙쏙! 잘 모르는 단어는 꼼꼼하게 설명되어 있어.

한걸음 더 과학
더 폭넓게 배워 볼까? 앞에서 만난 것보다 한 발짝 더 나간 과학 내용을 알아보자.

밑줄 쫙!
핵심 요약!
이것만은 꼭 알아 둬!

의좋은 형제

세상에는 사이가 안 좋은 형제도 있지만, 이 이야기에 등장할 형제처럼 사이가 매우 좋은 형제도 있어.

푸릇했던 벼가 황금빛으로 물들고, 마을 사람들 모두 곡식을 거두어들이기 시작할 때였어. 형제도 한 해 동안 열심히 농사지은 만큼 수확할 벼가 한가득이었지.

하지만 수확할 벼가 많아도 걱정이었어. 일손은 정해져 있는데, 일거리는 많았으니까.

아우는 혹시 형이 벼를 베는 게 힘들진 않을까 걱정했어.

'형님이 그 많은 벼를 혼자서 수확하려면 얼마나 힘들까? 내가 좀 도와야겠어.'

아우는 형 몰래 이른 새벽에 형 논의 벼를 베었어.

'이쯤이면 되겠지! 이제 내 논에 가서 벼를 베어야지.'

그리고 자신의 논으로 돌아간 아우는 깜짝 놀랐어. 자신의 벼가 말끔히 베어져 있는 거야.

아우는 논 옆에 차곡차곡 쌓인 벼를 한참 쳐다보았어. 그리고 미소 지었지. 누가 자신의 논에 들어와 벼를 베어 놓았는지 알 것 같았거든.

그 시각, 형도 자신의 논에서 이미 베어져 있는 벼를 보고 고개를 끄덕이고 있었어.

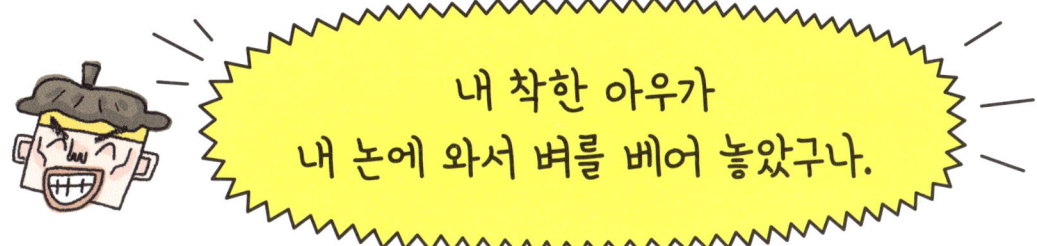

내 착한 아우가
내 논에 와서 벼를 베어 놓았구나.

맞아. 형제는 서로의 논에서 똑같은 시각에 똑같은 마음으로 벼를 베어 둔 거야.

이렇게 벼 베기를 끝낸 형제는 볏단을 옮기며 또다시 서로를 떠올렸어.

형은 생각했지.

음..
아우야~
수~북

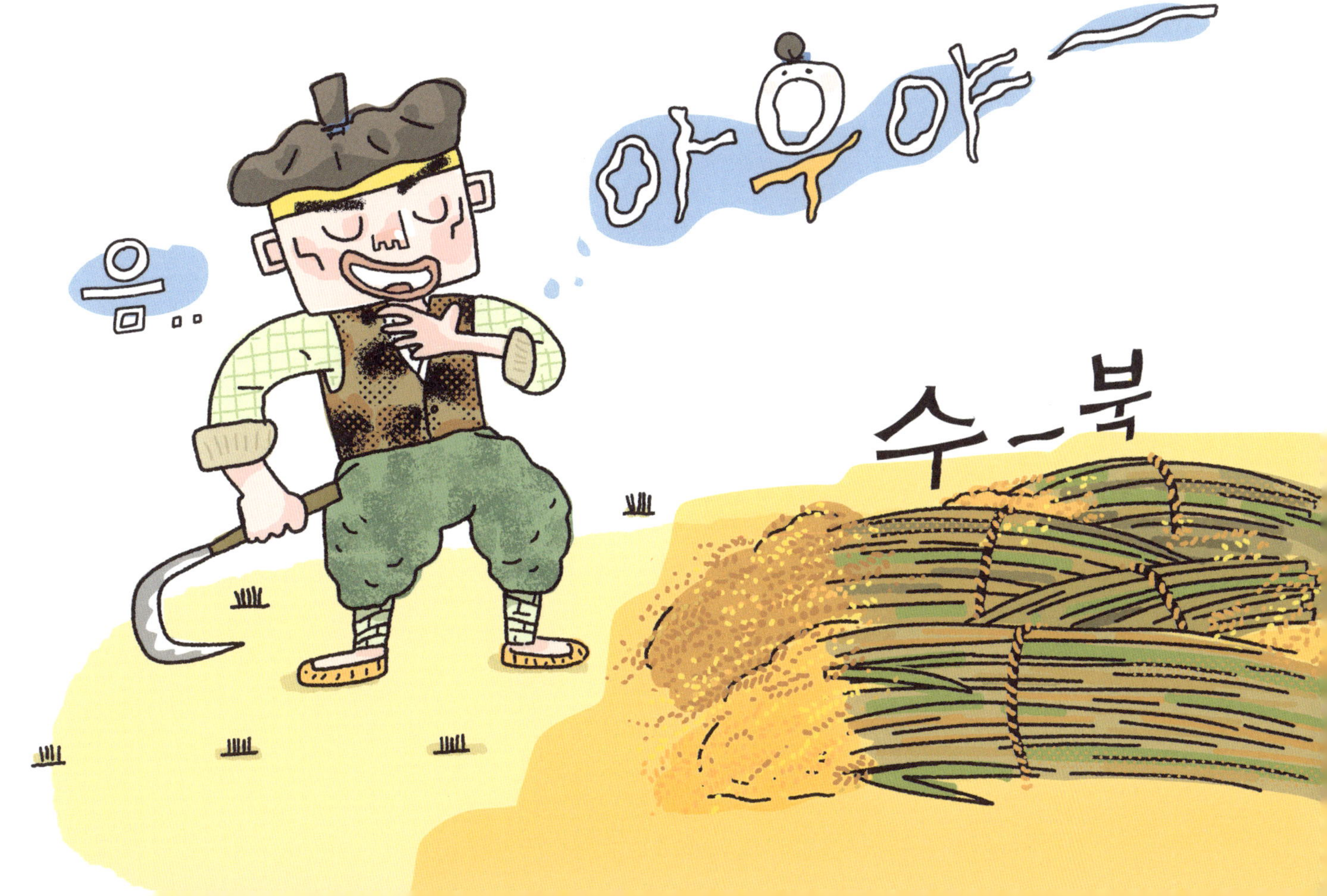

'아우는 살림을 차린 지 얼마 안 되어서, 돈 쓸 일이 많을 텐데…….'
그 형에 그 아우였어. 아우도 똑같은 생각을 했거든.
'형님은 나보다 챙겨 먹여야 하는 식구가 많은데…….'
아우는 결심했어. 아무도 못 보는 밤에 형네 집에 볏단을 가져다 놓아야겠다고 말이야. 아우는 지게에 볏단을 잔뜩 지고 형의 집으로 향했어. 무겁고 힘들었지만, 마음만큼은 어느 때보다 가볍고 기뻤지.
다음 날 아침, 아우가 가뿐한 마음으로 기지개를 켜며 마당에 나왔

어. 그리고 마당 한편에 쌓아 둔 볏단을 바라보았지. 그런데 조금 이상했어. 자신이 형네 집에 옮겨 둔 볏단만큼 또 볏단이 쌓여 있는 것 같은 거야.

'참 이상하네. 분명 어젯밤에 꽤 많은 양의 볏단을 형님 댁에 가져다 두었는데 그대로잖아? 내가 너무 조금 옮겼나?'

그날 밤, 아우는 다시 볏단을 한가득 어깨에 지고 형의 집을 찾았어. 그리고 또 수북하게 볏단을 쌓아 두고 집으로 돌아왔지.

하지만 다음 날 아침, 마당에 쌓여 있는 볏단을 보니 형에게 나눠 주기 전과 다를 게 없어 보이는 거야. 귀신이 곡할 노릇이었어.

아우는 마당에 놓인 볏단을 바라보며 고개를 갸웃했어.

'정말 이상하네. 이번 농사가 잘되긴 했다지만, 형님에게 볏단을 드려도 드려도 많아 보이는구나. 그렇다면 더 가져다드려야겠어.'

밤이 되자 아우는 또 한 번 볏단을 한가득 이고 집을 나섰어.

아우가 하늘을 올려다보며 생각했어.

'오늘따라 날이 왜 이렇게 스산하지?'

하늘에는 구름이 유독 많았어. 한 치 앞도 보이지 않는 깜깜한 밤이었지. 날씨도 제법 쌀쌀해서 오스스 소름이 돋았어. 귀신이 나와도 이상할 것 같지 않았어.

조금 으스스해진 아우는 고개를 푹 숙이고 서둘러 걷기 시작했어.

'얼른 가져다드리고 집에 돌아가자!'

그때 무언가 아우의 이마를 '쿵!' 하고 세게 때렸어.

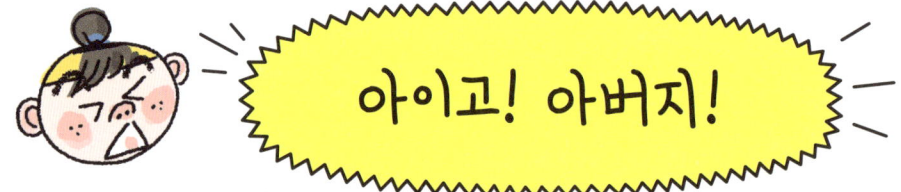

아이고! 아버지!

얼마나 세게 맞았는지 눈앞에 번쩍번쩍 별이 보였지. 아우는 깜짝 놀라 주저앉음과 동시에 고통스러운 비명을 내질렀어.

소리를 지른 이는 또 있었어.

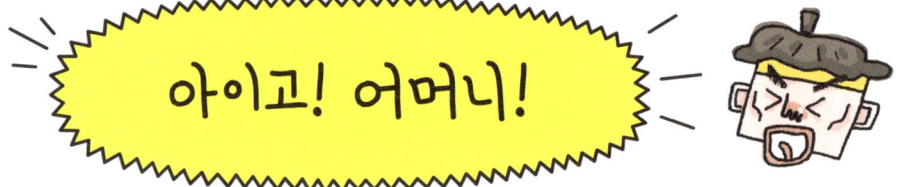

고개를 든 아우는 피식 웃음이 나왔어. 자신의 머리를 세게 때린 것은 형의 이마였거든. 볏단이 가득 실린 지게를 이고 뒤로 자빠져 있던 형도 크게 웃기 시작했어.

"아무리 네게 볏단을 가져다줘도 하나도 줄지를 않더니만, 네 녀석 짓이었구나!"

"형님이야말로 저 힘들게 왜 자꾸 볏단을 옮기십니까!"

그제야 구름에 가려져 있던 달이 고개를 내밀었어. 아름다운 달빛이 형제의 어깨에 내려앉았단다.

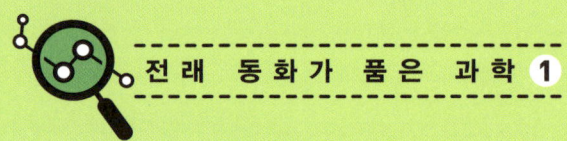

전래 동화가 품은 과학 ❶

"형제가 벼를 베어 낸 자리에서 내년에도 벼가 자랄까?"

"아니, 벼는 한 해만 사는 한해살이 식물이야!"

씨앗에서 싹이 트고, 자라고, 다시 열매를 맺어 번식하는 것을 '식물의 한살이'라고 해.

① 벼의 한살이 시작! 처음에는 볍씨라고 불리는 노란색 씨앗이었어.

⑤ 드디어 열매를 맺었어. 이제 의좋은 형제가 벼를 수확할 때야!

② 따듯한 온도에 적당한 물을 먹자 떡잎*에 둘러싸인 싹이 텄지.

*떡잎은 씨앗에서 가장 처음으로 나오는 잎을 말해.

③ 줄기와 잎이 자라 어린 벼가 되었어.

어린 벼 모판

요즘은 볍씨를 바로 논에 뿌리지 않고 모내기를 해.

④ 꽃이 폈어. 벼꽃은 꽃잎은 없지만 하얀 수술을 갖고 있어.

한해살이
나 봉숭아! 터졌다

여러해살이
쑥! 쑥!

여러 해 살아 보세

한해살이 식물 : 벼처럼 1년만 사는 식물을 '한해살이 식물'이라고 해. 한해살이 식물에는 옥수수, 강아지풀, 봉숭아, 강낭콩 등이 있어.

여러해살이 식물 : 여러 해 동안 사는 식물을 '여러해살이 식물'이라고 해. 그래서 겨울이 되어 잎이 시들어도 죽지 않지. 여러해살이 식물에는 민들레, 쑥, 감나무, 복숭아나무, 개나리 등이 있어.

식물의 한살이에는 햇빛이 꼭 필요해!

우리는 음식을 먹어야 쑥쑥 자랄 수 있어.
그럼 식물은 무얼 먹고 자랄까?

따뜻한 햇빛 좋아

적당한 물이 좋아

적당한 온도 딱- 좋아

식물에게 꼭 필요한 세 가지

식물이 성장하는 데는 적당한 물과 온도 그리고 햇빛이 필요해.
그중에서도 물과 햇빛은 식물의 광합성에 꼭 필요한 요소야.
만약 해가 잘 들지 않고, 매일 흐린 날씨라면 식물이 잘 자라기 힘들 거야.

광합성이란 뭘까?

광합성은 식물이 빛을 이용해 물과 이산화 탄소로 양분을
만드는 과정을 말해. 잎사귀로 햇빛을 흡수하고, 뿌리로 수분을 빨아들인 다음,
이산화 탄소를 더해 자신에게 필요한 포도당*을 만들지.

*포도당은 생물에게 꼭 필요한 에너지원이야. 동물과 사람에게도 꼭 필요해.

수분흡수

식물은 햇빛이 있어야 **광합성**을 하며 살아갈 수 있어!

식물도 숨을 쉰다고?

식물은 광합성을 하는 과정에서 이산화 탄소를 빨아들이고 산소를 내뱉어. 광합성을 하지 않을 때는 산소를 조금 흡수하고 이산화 탄소를 내뱉지. 동물이나 사람이 숨을 쉬는 것과 비슷하지?

땅이 흔들리는 까닭

하늘을 만져 보고 싶다는 생각, 해 본 적 있어? 말도 안 되는 소리라고?

맞아. 아무리 제자리 뛰기를 해도 하늘을 만질 수는 없어. 사다리를 타거나 높은 빌딩에 올라가도 만질 수 없지. 올려다보기만 해도 하늘이 얼마나 높은지, 구름 너머 세상을 상상하는 일도 어려워.

아주 오랜 옛날, 하늘과 땅이 아주 가까이 붙어 있던 때가 있었어. 땅 위에는 식물이나 동물도 없었고, 우리 같은 사람도 없었어. 그냥 하늘과 땅만 있을 뿐이었지.

하늘과 땅이 얼마나 가까웠는지, 만약 땅 위에 사람이 살았다면 허리를 다 펴지도 못했을 거야. 구름이 눈앞에 있을 정도였거든. 물론 그때까지는 땅 위에 아무도 없었지만 말이야.

그러던 어느 날, 세상에 생명이 하나둘 움트기 시작했어. 연둣빛 새싹이 볼록하고 솟아나 자랐고, 작은 토끼나 다람쥐 같은 동물들이 나타나 땅 위를 폴짝폴짝 뛰어다녔지. 곧 인간도 태어났어.

세상은 여러 생명들로 활기가 돌기 시작했어. 땅 위는 초록빛으로 물들었고, 생명들의 숨으로 온기가 생겼어.

그러나 한 가지 문제가 있었어. 시간이 흘러 나무와 사람의 키가 자

랄수록, 동물의 몸집이 커질수록, 땅에 가까이 붙어 있는 하늘이 너무 불편했어.

 사람들은 기지개 한번 시원하게 켜지 못하고, 목과 어깨를 구부리고 다녔어. 나무도 더 높이 자라고 싶었지만, 하늘이 머리 위를 막고 있으니 옆으로 곁가지만 뻗어 나갈 뿐이었지. 그러니 기린 같이 키가 큰 동물들은 어땠겠어? 목을 얼마나 구부리고 있었는지 당장 똑 하고 부러져도 이상할 게 없었다니까?

그때, 땅이 우르릉 쾅쾅 소리를 내며 크게 흔들렸어. 그러다가 쩍 하고 갈라졌지. 갈라진 땅 사이로 거인이 고개를 내밀었어.

거인은 땅 위를 이리저리 살펴보았어. 사람들은 모두 구부정하게 서 있고 동물들은 모두 땅바닥에 딱 붙어 있었지. 거인은 고개를 들어 하늘을 올려다보았어.

사람들은 갑자기 나타난 거인이 너무 무서워서 얼어 버렸어. 동물들도 거인이 큰 손으로 자신을 움켜쥐진 않을까 두려움에 떨었지. 꽃과

나무는 바람에 나뭇잎 부딪치는 소리를 내며 후들거렸어.

거인이 말했어.

"너희는 이렇게 낮은 하늘 아래에서 잘도 살고 있구나?"

사람들과 동물들 그리고 식물들은 아무 말도 하지 못했어. 거인은 뭔가 결심한 듯 고개를 끄덕였어.

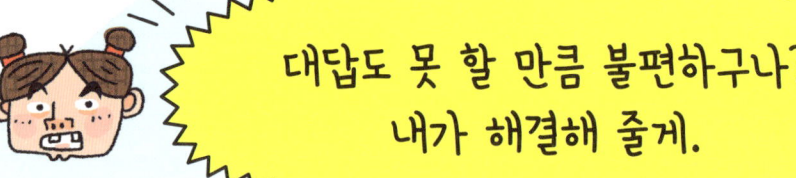
대답도 못 할 만큼 불편하구나?
내가 해결해 줄게.

거인은 무거운 몸을 이끌고 조금씩 땅 위로 올라왔어.

잠시 숨을 돌린 거인은 힘겹게 쪼그려 앉아 어깨 위에 하늘을 지었어. 그리고 구부렸던 다리와 허리를 천천히 펴기 시작했어.

거인은 "으라차차!" 소리를 내며 하늘을 번쩍 들어 올렸어. 그러자 신기하게도 하늘이 쑥 하고 들려 올라갔어.

사람들은 손뼉을 쳤어. 어떤 이는 양손을 머리 위로 들고 폴짝폴짝 뛰었어. 목을 구부리고 있던 기린도 목을 길게 빼고 시원한 듯 한숨을 내뱉었어. 꽃과 나무도 높아진 하늘에 기뻐하듯 잎사귀를 흔들었지.

세상의 생명들은 거인 덕분에 자유롭고 편안하게 살아갈 수 있었어.

사람들은 더 많은 자손을 낳았고, 동식물들 역시 사람과 어울려 풍요롭게 지냈어.

하지만 이따금씩 땅이 쿠쿠쿵 소리를 내며 흔들렸어. 모두 깜짝 놀라 주변을 둘러보면 거인이 자세를 고쳐 잡고 있었지.

한 자세로 무거운 하늘을 들고 있으려니 얼마나 뻐근하고 힘들겠어.

가끔은 거인도 왼쪽 어깨에서 오른쪽 어깨로 무게 중심을 옮기거나, 저린 발을 털어 주어야지. 이렇게 한 번씩 땅이 흔들릴 때면 사람들은 생각했어.
'거인이 또 자세를 고쳐 잡나 보다.' 하고 말이야.

전래 동화가 품은 과학 ❷

"정말 **거인** 때문에 **땅**이 흔들린다고❓"

"**지구 속**에서 발생한 **힘** 때문에 **땅**이 흔들리는 거야❗"

지진은 지구 속에서 발생한 큰 힘으로 인해 지각 변동이 일어나면서 생겨.

사람보다 감각이 예민한 동물들은 지진을 먼저 느끼기도 한대!

지진이란 뭘까?

지진은 땅속 깊은 곳에서 발생하는 힘 때문에 지각 변동*이 일어나면서 땅이 흔들리는 것을 말해. 힘이 뻗어 나가기 시작하는 곳을 '진원'이라고 하고, 진원 바로 위에 있는 지점을 '진앙'이라고 해.

*지각 변동은 땅이 어떤 힘을 받아 높아지거나 낮아지고, 어긋나거나 꺼지는 현상을 말해.

지진의 강도를 나타내는 단위 '규모'

지진의 강도는 '규모'라는 단위로 구분해. 규모는 0부터 10까지 나뉘어. 규모 2가 넘으면 지진이 났다는 걸 사람이 느낄 수 있어. 규모 4가 넘으면 물건이 흔들리거나 떨어지고, 규모 5가 넘으면서 있기가 힘들어지며 건물도 피해를 입어.

우리나라도 지진 위험 지대?

그동안 우리나라는 지진 안전지대에 가까웠어. 하지만 2000년대에 들어서부터는 지진 발생 횟수가 증가하고 있어. 2016년 9월 경주에서 규모 5.8의 큰 지진이 발생했어. 이 지진으로 첨성대의 꼭대기가 기울어지고, 주변 원전의 가동이 중단되었어. 우리나라에 지진이 기록되기 시작한 이후로 가장 강력한 지진이었다고 해.

땅속은 어떻게 생겼을까?

거인이 나온 틈을 들여다봤다면 지층의 단면을 볼 수 있었을 거야.
지층이란 여러 암석이 오랜 시간 겹겹이 쌓인 것을 말해.
무지개떡처럼 여러 층이 층층이 쌓인 것을 상상하면 돼.

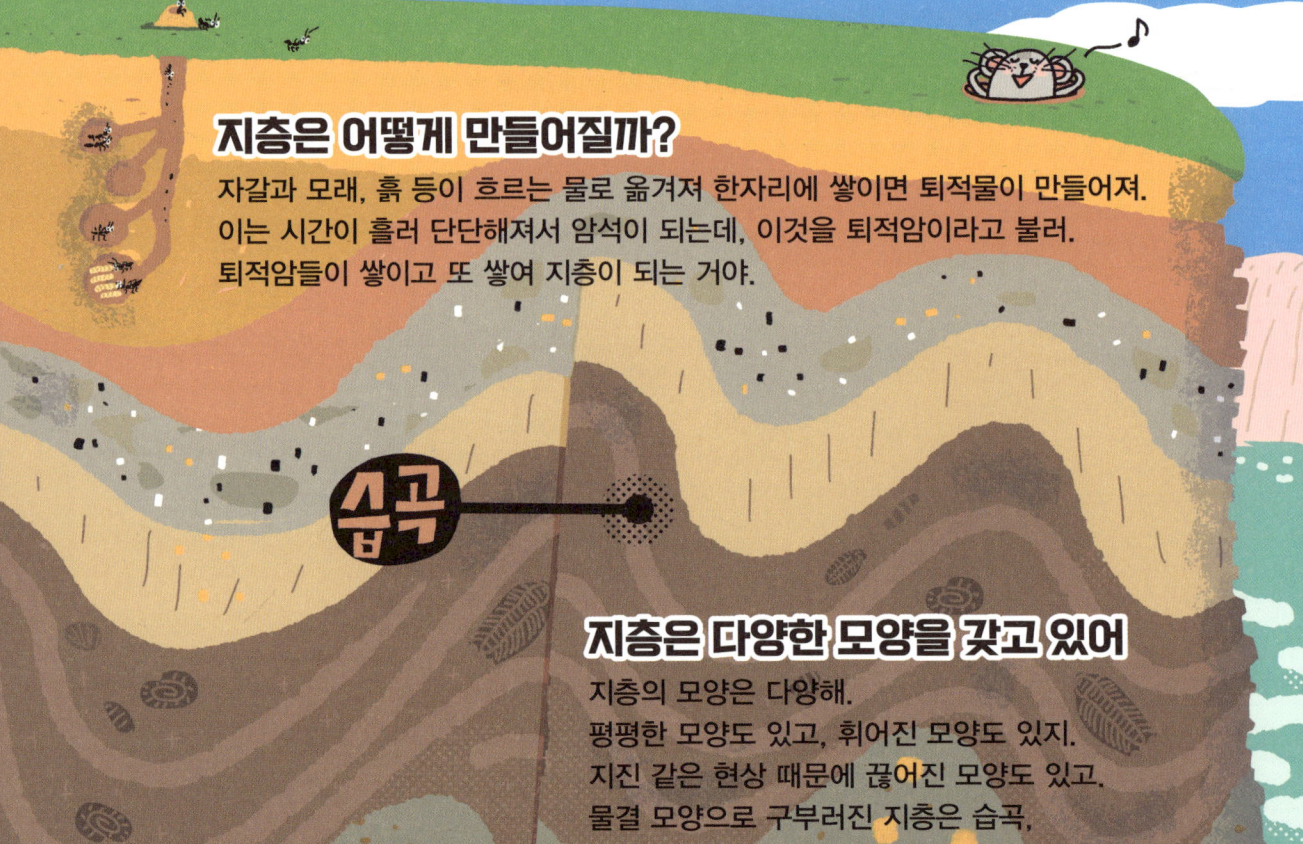

지층은 어떻게 만들어질까?

자갈과 모래, 흙 등이 흐르는 물로 옮겨져 한자리에 쌓이면 퇴적물이 만들어져.
이는 시간이 흘러 단단해져서 암석이 되는데, 이것을 퇴적암이라고 불러.
퇴적암들이 쌓이고 또 쌓여 지층이 되는 거야.

습곡

지층은 다양한 모양을 갖고 있어

지층의 모양은 다양해.
평평한 모양도 있고, 휘어진 모양도 있지.
지진 같은 현상 때문에 끊어진 모양도 있고.
물결 모양으로 구부러진 지층은 습곡,
끊어진 지층은 단층이라고 불러.

단층

지층과 화석은 지구의 과거를 연구하는 데 큰 도움이 돼!

지층 속에 숨어 있는 과거의 흔적, 화석

화석이란 아주 오래전, 공룡을 비롯한 동식물이나 동물의 발자국 따위가 퇴적물 속에 그대로 남겨진 것을 말해. 동식물이 죽은 뒤 썩기 전에 퇴적물에 묻힌 흔적이지. 비, 바람 등의 자연 현상으로 지층이 깎이면서 사람들에게 화석이 발견돼.

공룡 발자국 화석

앗! 화석 탐사대!

찾았다!

우리나라 경상북도 의성에서 공룡 발자국 화석이 발견됐대!

효녀 심청

먼 옛날, 앞이 보이지 않는 아버지 심 봉사와 그의 딸 심청이 살았어. 어머니는 심청을 낳으면서 세상을 떠났고, 심청은 따뜻한 이웃 아낙들의 보살핌으로 자랐지.

심청은 아버지를 지극정성으로 돌봤어. 그리고 동네 일손이 부족할 때는 부지런히 동네일을 도왔어. 이웃들은 이런 심청을 모두 아꼈지.

그러던 어느 날 일을 나간 심청이 늦게까지 집에 돌아오지 않았어. 심 봉사는 걱정하는 마음에 마중을 나갔지. 그런데 심 봉사가 마을을 돌아다니다가 개천에 빠져 버렸지 뭐야.

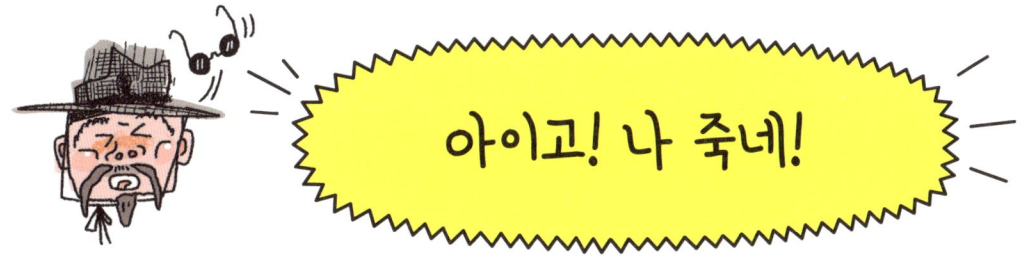

　마침 길을 지나가던 스님이 개천에 빠진 심 봉사를 발견했어. 스님은 얼른 심 봉사를 구해 주었어.

　심 봉사는 온몸이 물에 젖어 오들오들 떨며 꺽꺽 울었어. 놀라기도 놀랐지만, 딸을 마중하는 일조차 못하는 자신의 처지가 서러웠거든. 스님은 이런 심 봉사를 안타까워하며 말했어.

　"부처님께 공양미 300석을 바치면 눈을 뜰 수 있습니다. 한번 생각해 보시지요."

　"스님, 정말입니까? 그럼 당연히 바쳐야지요!"

심 봉사는 눈을 뜰 수 있다는 스님의 말에 지킬 수 없는 약속을 해 버렸어.

집으로 돌아온 심 봉사는 몇 날 며칠을 끙끙 앓아누웠어. 지금도 심청이 벌어 오는 돈으로 겨우 먹고사는데, 공양미 300석을 바친다니 말도 안 되는 일이었지.

"아버지, 어디 편찮으세요? 왜 그리 누워만 계세요."

"청아, 내가 큰 실수를 한 것 같구나……."

심 봉사는 심청에게 스님과 한 약속에 대해 이야기해 주었어.

심청은 그날부터 공양미 300석을 구하러 다녔어. 아버지가 눈을 뜰 수만 있다면 무슨 일이라도 할 생각으로 말이야.

그러다가 심청은 한 소식을 들었어. 뱃사람들이 인당수에 제물로 바칠 사람을 찾고 있는데, 그 값이 쌀 300석이라고 말이야. 심청은 그 제물이 되기로 결심했지.

시간은 무심히 흘러 심청이 인당수 제물이 되기로 한 날이 되었어. 심청은 심 봉사에게 돈을 미리 당겨 받아 공양미 300석을 구했다고 이야기했어. 그러고는 아버지에게 마지막으로 정성껏 식사를 차려 드린 뒤, 배를 탔지.

심청은 거친 파도가 치는 바다 한가운데로 풍덩 뛰어들었어.

뒤늦게 이 사실을 알게 된 심 봉사는 땅을 치며 울부짖었어.

"네가 없는데, 눈을 뜨면 무슨 소용이냐! 청아!"

41

하지만 울어도 소용없었지. 이미 심청은 바닷속으로 뛰어든걸.

심청은 신기하게도 물속에서 편안하게 숨 쉴 수 있었어. 눈앞에 고래와 오징어, 가오리가 유유히 지나다녔고, 바닷물은 차갑지도 않았지. 심지어 심청은 용왕에게 귀한 대접도 받았어.

하지만 바다 위 사정은 달랐어. 심청이 몸 바쳐 구한 공양미 300석을 심 봉사가 이웃 뺑덕어멈에게 속아 모두 날려 버린 거야. 심 봉사는 몸과 마음이 엉망진창이 된 채로 딸을 그리워하며 살아갔어. 이를 모르

는 심청은 바다 깊은 곳 용궁에서 편히 지내며 아버지의 건강과 행복만 바라고 있었지.

시간이 얼마나 흘렀을까? 용왕은 심청을 커다란 연꽃에 태워 바다 위로 보냈어. 연꽃은 임금이 사는 궁궐 안의 연못 위로 떠올랐지. 커다란 연꽃의 꽃봉오리가 활짝 피어나더니, 심청이 세상으로 돌아왔어.

심청을 본 임금은 심청을 아내로 맞이했어. 연꽃보다 고운 심청을 보고 하늘이 내려 준 인연이라 여긴 거야.

이후 심청은 궁궐에서 풍족하게 살게 되었지만, 아버지 생각에 결코 행복할 수 없었어. 그래서 아버지를 찾기 위해 앞이 보이지 않는 맹인들을 위한 잔치를 열기로 했지.

잔치에는 전국 곳곳에 사는 맹인들이 모여들었어. 당연히 심 봉사도 나타났어. 드디어 두 사람이 마주하게 된 거야.

"아버지! 저 청이예요!"

심 봉사를 본 심청이 달려가 안기자, 심 봉사는 믿을 수 없다는 듯 눈물을 흘리며 눈을 비비고 또 비볐어.

"청아? 우리 청이가 맞느냐?"

그 순간 심 봉사의 눈앞에 번쩍하고 밝은 빛이 나타났어. 심 봉사가 앞을 보게 된 거야. 심 봉사는 그토록 그리워하던 딸의 얼굴을 이리저리 보고 또 보았어.

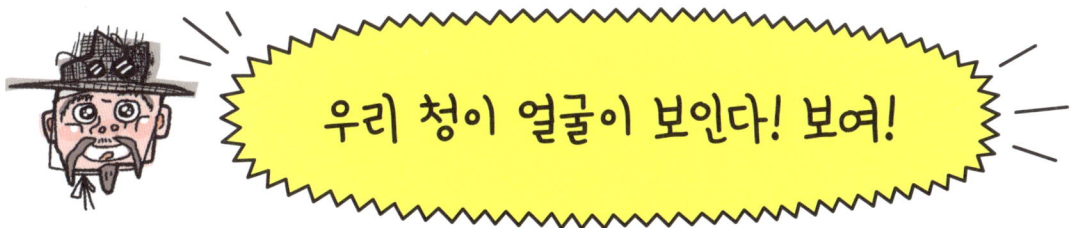

우리 청이 얼굴이 보인다! 보여!

그렇게 눈을 뜨게 된 심 봉사는 심청과 함께 궁궐에서 오래오래 행복하게 살았단다.

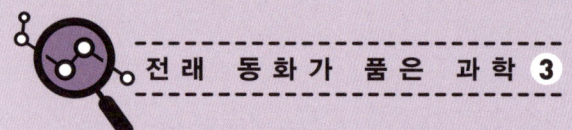
전래 동화가 품은 과학 3

"우리도 효녀 심청처럼 **바닷속**에서 **숨 쉴 수** 있을까?"

…

"**아가미**가 있어야 물속에서 **숨**을 쉴 수 있어!"

물고기한테는…

아가미가 있지!

아가미는 물속의 산소를 몸속으로 빨아들이고 이산화 탄소를 몸 밖으로 내보내.

아가미

다양한 동물들의 특징

동물은 등뼈(척추)가 있는지 없는지에 따라 척추동물과 무척추동물로 나뉘어.
사람을 비롯해 물고기, 사자, 두더지, 독수리, 뱀 등은 척추동물이고
말미잘, 지렁이, 조개, 불가사리 등은 무척추동물이야.

척추동물의 구분

포유류 : 새끼를 낳고 젖을 먹여 기르는 동물을 말해. 개, 소 등이 있어.
조류 : 알로 번식하고, 부리가 있는 동물을 말해. 참새, 비둘기 등이 있어.
파충류 : 몸이 비늘로 덮여 있고, 환경에 따라 체온이 변해. 카멜레온, 뱀 등이 있어.
양서류 : 물과 땅 모두에서 살 수 있는 동물이야. 개구리, 두꺼비 등이 있어.
어류 : 물속에서 사는, 아가미가 있는 동물이야. 붕어, 고등어 등이 있어.

바닷속에 사는 어류 외 동물

갑각류 : 게, 새우같이 두껍고 딱딱한 껍데기를 가진 동물을 말해.
몸은 자라는 반면 껍데기는 자라지 않아서 탈피*를 하며 성장해.
포유류 : 바닷속에도 포유류가 살아. 물개, 바다코끼리, 고래 등이 있지.
아가미가 없기 때문에 숨을 쉬기 위해 바다 위로 한 번씩 올라가야 해.
파충류 : 바다도마뱀, 거북 등은 파충류야. 온도에 민감해서 따뜻한 바다에서만 살지.

*탈피는 갑각류나 곤충이 자라면서 껍데기나 허물을 벗는 것을 말해.

이 밖에 오징어나 문어, 식물처럼 생긴 산호도
바닷속에 사는 동물이야!

팥죽 할머니와 호랑이

붉은 팥을 삶아 으깨어 설탕과 소금을 넣고 끓이면 달콤하고 고소한 팥죽이 만들어져. 여기에 말랑말랑한 새알심을 띄워 함께 먹으면 둘이 먹다 하나 죽어도 모를 맛이지. 이렇게 맛있는 팥죽은 예로부터 우리 조상들에게도 인기 있는 간식이었어.

 어느 산비탈에 혼자 사는 할머니도 팥죽을 무척 좋아했어. 얼마나 좋아했냐면 직접 팥 농사를 지어 팥죽 끓여 먹을 날만 기다렸다니까?
 그날도 할머니는 밭에서 흙을 일구면서 팥을 심고 있었어. 너무 오랜 시간 쭈그려 앉은 채 일을 해서 허리가 욱신욱신해질 즈음 어디선가 낮고 무서운 크르릉 소리가 들려왔지.

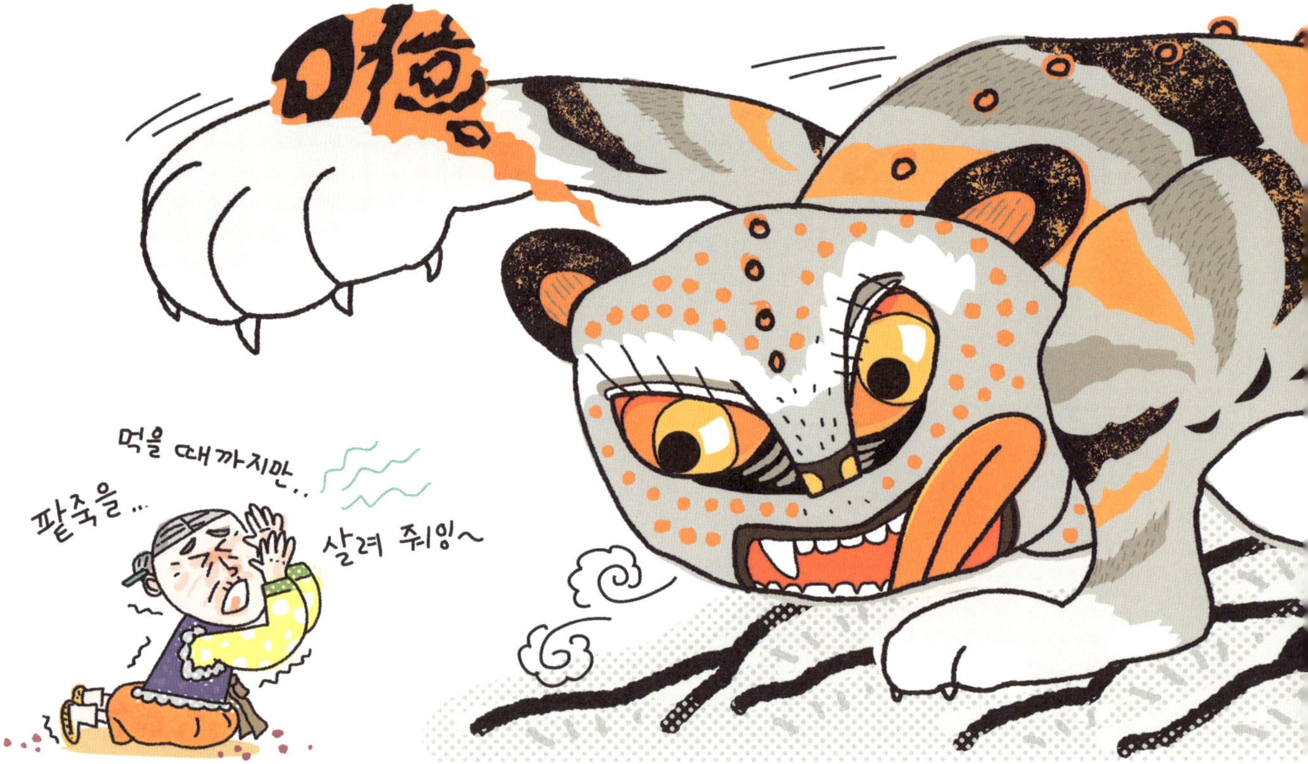

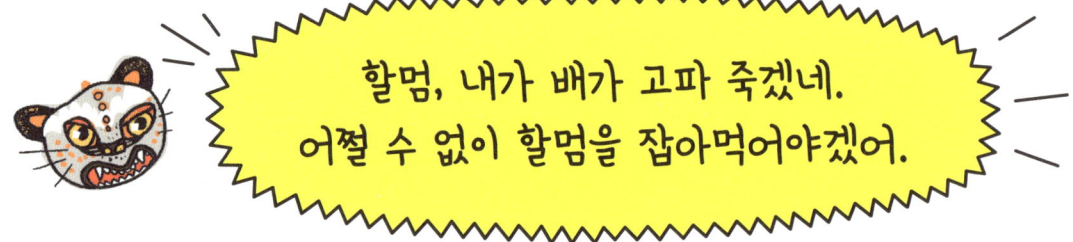

할머니는 소리가 나는 방향으로 고개를 돌렸다가, 깜짝 놀라 주저앉았어. 호랑이가 나타난 거야.

할멈, 내가 배가 고파 죽겠네.
어쩔 수 없이 할멈을 잡아먹어야겠어.

할머니는 덜덜 몸을 떨면서 호랑이에게 애원했어. 자신이 심은 팥이 자라 동짓날 팥죽을 쑤어 먹을 때까지만 살려 달라고 말이야.

호랑이는 팥죽이라는 말에 군침이 싹 돌았어. 팥죽이라니, 괜찮은 거래 같았지.

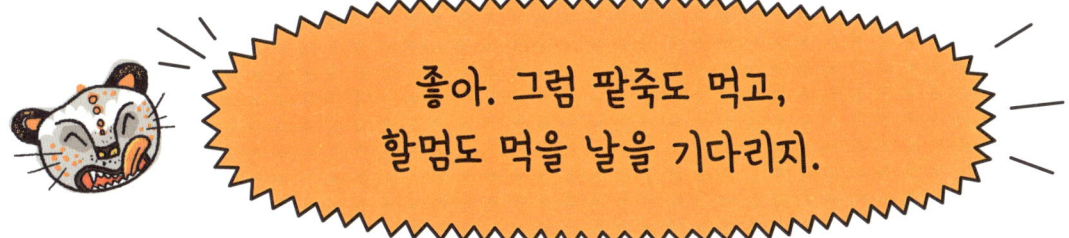

좋아. 그럼 팥죽도 먹고, 할멈도 먹을 날을 기다리지.

할머니는 겨우 목숨을 건져 집으로 돌아왔어. 그리고 제발 호랑이가 오늘 한 약속을 잊어버리길 기도했지.

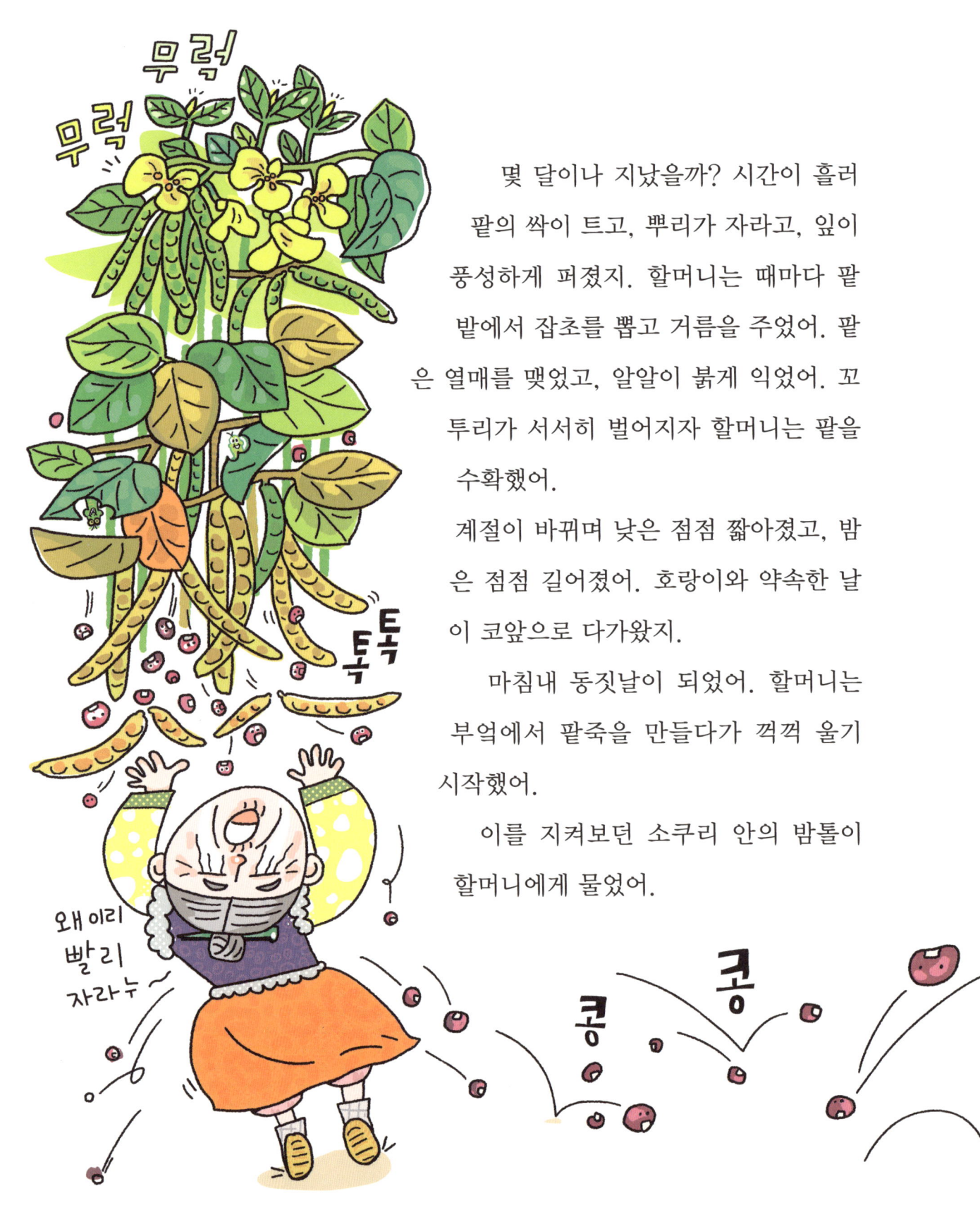

몇 달이나 지났을까? 시간이 흘러 팥의 싹이 트고, 뿌리가 자라고, 잎이 풍성하게 퍼졌지. 할머니는 때마다 팥밭에서 잡초를 뽑고 거름을 주었어. 팥은 열매를 맺었고, 알알이 붉게 익었어. 꼬투리가 서서히 벌어지자 할머니는 팥을 수확했어.

계절이 바뀌며 낮은 점점 짧아졌고, 밤은 점점 길어졌어. 호랑이와 약속한 날이 코앞으로 다가왔지.

마침내 동짓날이 되었어. 할머니는 부엌에서 팥죽을 만들다가 꺽꺽 울기 시작했어.

이를 지켜보던 소쿠리 안의 밤톨이 할머니에게 물었어.

"할머니 왜 우세요?"

"내가 오늘 호랑이에게 잡아먹히는 날이거든. 밤톨 너도 내가 죽기 전에 만든 팥죽을 맛보겠니?"

할머니는 밤톨에게 팥죽 한 그릇을 덜어 주었어. 밤톨은 팥죽을 맛있게 싹싹 비우고 할머니를 지그시 쳐다보았어.

할머니의 뺨 위로 눈물이 도르르 흘렀어. 가족 하나 없이 성실하고 소박하게 살던 자신에게 왜 이런 일이 벌어졌는지 억울했지.

이번에는 자라가 다가와 물었어.

"할머니 왜 우세요?"

"호랑이가 날 잡아먹으러 오고 있단다. 자, 너도 한 그릇 먹으렴."

할머니는 자라에게도 팥죽을 덜어 주었어. 할머니가 옷소매로 눈물을 스윽 훔치자, 이번에는 마당 구석에 있던 개똥이 물었어.

"할머니 우시는 거예요?"

"호랑이가 나를 잡아먹을 거야."

할머니는 개똥에게도 팥죽을 나눠 주었어. 또 마당에 있던 송곳과 맷

돌, 지게와 멍석에게도 팥죽을 한 그릇씩 주었지.

친구들이 팥죽을 남김없이 먹어 치우자 호랑이가 나타났어.

"할멈. 팥죽부터 주시오! 몇 달을 기다렸는지, 애가 타 죽겠네."

할머니가 부엌을 가리켰어. 호랑이는 허겁지겁 팥죽이 끓고 있는 가마솥 앞으로 다가갔지. 그러자 가마솥 아래 아궁이 속에 숨어 있던 밤톨이 톡 하고 튀어나와 호랑이의 눈을 때렸어.

"악! 내 눈!"

뜨겁게 달궈진 밤톨은 호랑이의 눈에 숯검정을 묻혔어. 깜짝 놀란 호랑이는 마당 우물에서 눈을 씻었지. 그때 우물 안에 있던 자라가 호랑이를 세게 콱 물었어. 호랑이는 눈도 뜨지 못한 채 앞발을 들고 쿵쿵 뛰었어.

"아이고, 나 죽네!"

이번에는 개똥이 나섰어. 호랑이가 발 디딜 곳에서 기다리고 있다가, 자신을 밟고 미끄러지게 했지. 송곳은 벌러덩 나자빠진 호랑이의 엉덩

이를 푹 찔렀어. 마지막으로 지붕에서 기다리던 맷돌이 호랑이의 머리 위로 쿵 하고 떨어졌어.

멍석은 이때다 싶어 호랑이를 둘둘 말았고, 지게는 멍석에 말린 호랑이를 지고 강물에 던져 버렸단다.

할머니는 더는 울지 않았어. 호랑이도 무섭지 않았지. 이제는 호랑이가 나타나도 함께 맞서 줄 친구들이 있으니까.

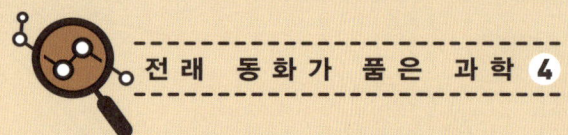

전래 동화가 품은 과학 ❹

"호랑이가 기다린 동지는 무슨 날이야?"
"1년 중 밤이 가장 긴 날이야!"

우리 조상들은 1년을 24절기로 나누었어. 24절기는 우리나라의 계절 변화를 구분하는 기준이 되었지. 각 절기마다 우리 생활에 필요한 내용이 담겨 있어.

봄의 절기

입춘 : 봄의 시작을 알리는 때야.
우수 : 내린 눈이 녹고 새싹이 움터.
경칩 : 개구리가 겨울잠에서 깨어나.
춘분 : 봄의 한가운데야. 밤낮의 길이가 같아.
청명 : 날이 아주 맑아. 봄 농사 준비를 시작해.
곡우 : 봄비가 내려서 곡식들을 풍부하게 해.

으… 나도 춥다!

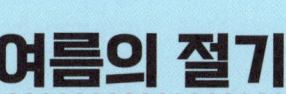

여름의 절기

입하 : 여름의 시작을 알려.
소만 : 따뜻한 햇볕으로 만물이 자라나.
망종 : 보리를 베고, 논에 벼를 심어야 하는 때야.
하지 : 여름의 한가운데야. 1년 중 낮이 가장 길어.
소서 : 더위가 시작돼. 선풍기를 닦아 놓자.
대서 : 1년 중 가장 더운 날로, 바다로 놀러가기 딱 좋아!

가을의 절기

입추 : 나무가 알록달록하게 물드는 가을이 됐어.
처서 : 더위가 식고, 시원한 바람이 솔솔 불어와.
백로 : 풀잎에 이슬이 맺히기 시작해.
추분 : 가을의 한가운데야. 밤낮의 길이가 같아.
한로 : 이제 차가운 이슬이 맺혀.
상강 : 서리가 내려. 농작물이 얼지 않게 조심해야 해.

붉은 팥이 귀신을 쫓는대. 그래서 동짓날 긴 밤이 무서워 팥죽을 먹는 거야.

겨울의 절기

입동 : 이제 추운 겨울이 됐어.
소설 : 첫눈이 내리고, 얼음이 얼기 시작해.
대설 : 눈이 많이 내려. 친구들이랑 눈싸움하자!
동지 : 겨울의 한가운데야. 1년 중 밤이 가장 길어.
소한 : '작은 추위'라는 이름 뜻과 달리 가장 추워.
대한 : '큰 추위'라는 이름 뜻과 달리 그렇게 춥진 않아.

우리 조상들의 지혜가 대단해!

계절은 왜 변할까?

우리나라에는 봄, 여름, 가을, 겨울 사계절이 있어.
계절은 왜 변하는 걸까?

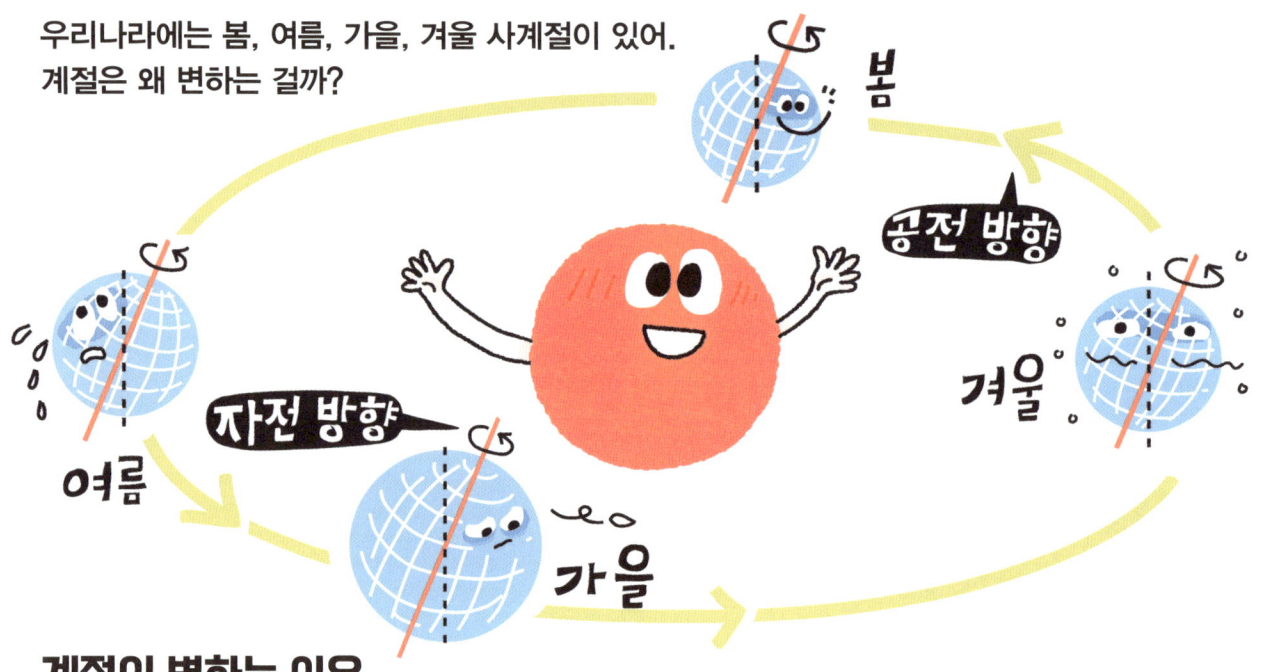

계절이 변하는 이유

계절이 변하는 까닭은 지구가 기울어진 채로
태양 주위를 공전*하기 때문이야.
기울어져 있어서 위치에 따라 태양 빛을 받는 각도와
지표면에 닿는 태양 에너지 양이 달라지지.
태양 에너지 양에 따라 기온이 달라지고 계절이 생겨.

*공전이란 하나의 천체가 다른 천체의
둘레를 주기적으로 도는 것을 말해.

계절마다 밤낮의 길이가 다르다고?

태양이 남쪽 하늘 가운데에 위치했을 때, 태양의 높이를 '남중 고도'라고 해.
남중 고도가 높을수록 지표면에 닿는 태양 에너지 양이 많아져.
그래서 여름에는 남중 고도가 가장 높아서 낮이 길고,
겨울에는 남중 고도가 가장 낮아서 밤이 길지.

남극과 북극에도 여름이 있어

흔히 남극과 북극을 떠올리면 눈과 얼음으로 뒤덮인 겨울만 생각날 거야. 하지만 남극과 북극에도 여름이 있어. 물론 여름이어도 기온은 우리나라의 겨울과 비슷해. 남극과 북극의 여름에는 밤이 되어도 낮처럼 밝은 날이 6개월 정도 계속돼. 이렇게 낮처럼 환한 밤을 '백야'라고 불러.

겨울에는 태양의 높이가 낮아서 밤이 길어!

선비와 갈모

하늘은 맑고, 해는 쨍쨍한 어느 여름날이었어. 선비는 방에 앉아 느긋하게 책을 보고 있었지. 그때 선비의 어머니가 방문을 벌컥 열고 말했어.

"삼촌 댁에 심부름 좀 다녀오거라."

선비는 조금 귀찮았지만, 자리에서 일어나 나갈 준비를 했어. 신을 신으며 어머니가 싸 준 보자기를 쳐다보았지.

"이것만 가져다드리고 오면 되지요?"

"그래. 그리고 혹시 모르니 갈모도 챙겨 가렴. 어제도 마른하늘에 갑자기 소나기가 내리던데……."

선비는 어머니의 걱정스러운 말에 가볍게 대답했어.

"어머니, 하늘이 이렇게 맑은걸요."

어머니는 선비에게 다시 말했어.

"조심해서 나쁠 거 하나 없단다. 귀찮아도 갈모를 가져가는 게 좋지 않겠니?"

"걱정 마십시오. 금방 다녀오겠습니다."

선비는 어머니의 말이 잔소리처럼 느껴져 얼른 집을 나섰어. 집을 나선 선비는 다시 한번 하늘을 올려다보았어.

"참, 걱정도 많으셔. 이렇게 하늘이 맑은데 말이야."

우르르...

선비는 서둘러 발걸음을 옮겼어. 얼마나 걸었는지 선비의 이마에 땀이 송골송골 맺힐 때였어.

톡! 톡! 빗방울이 떨어지기 시작했어.

"아, 이런!"

선비는 황급히 주변 처마 밑에 기대섰어. 비는 금세 장대같이 쏟아졌고, 길을 가던 사람들은 영락없이 비에 온몸이 젖었어.

"역시 어머니 말씀은 뭐든 틀린 것이 없구나……."

뒤늦게 후회하며 한숨을 내뱉는 선비에게 누군가 말을 걸어 왔어.

"혹시 갈모가 없어서 여기 서 있나?"

나이가 지긋해 보이는 선비였지.

"네. 비가 그칠 때까지 꼼짝없이 기다려야 할 것 같습니다."

나이 든 선비가 혀를 차며 말했어.

"비가 언제 그칠지 모르는데. 그러지 말고 내 갈모를 쓰고 가지. 나는 혹시 몰라 늘 갈모를 두 개씩 쓰고 다니니."

선비는 그 말이 얼마나 고마운지, 꾸벅 인사를 했어.

"어르신 감사합니다. 제가 그럼 갈모를 빌려 써도 될까요? 내일 어르신 댁으로 가져다드리겠습니다."

나이 든 선비는 갈모 하나를 선뜻 내어 주고 길을 떠났어. 젊은 선비는 나이 든 선비의 호의 덕분에 무사히 심부름을 다녀올 수 있었지. 물론 집에 돌아와 어머니에게 꾸중을 듣긴 했지만 말이야.

다음 날 아침, 선비는 집 밖에 나가는 게 조금 귀찮았어.

'갈모를 돌려드리러 가야 하는데…… 오늘은 날도 좋고, 어르신은 갈모가 또 있으시니 내일 가도 되겠지?'

다음 날이 되어도 선비는 갈모를 돌려주러 갈 마음이 생기지 않았어.
'오늘은 몸이 좀 피곤하네. 오늘 꼭 드릴 필요는 없겠지?'
그 다음 날도, 그 다음 날도 마찬가지였어. 어떤 날은 손님이 집으로 찾아왔고, 어떤 날은 비가 쏟아져서 집 밖에 나가고 싶지 않았어. 그렇게 갈모는 영영 원래 주인에게 돌아가지 않았지.

몇 년 뒤, 선비는 그동안 공부했던 실력을 발휘하여 과거에 합격했어. 설레는 마음으로 멋지게 관복을 차려입고 첫 출근을 했지. 다른 관리들에게 정중히 인사하는데, 낯이 익은 이가 있었어.

"자네, 나를 기억하는가?"

선비는 얼굴이 붉어졌어. 몇 년 전 자신에게 갈모를 빌려주었던 나이 든 선비가 호조 판서라는 높은 벼슬에 올라 있던 거야.

사소한 약속을 지키지 못하는 자와 어찌 중요한 일을 하겠나. 당장 돌아가게.

선비는 아무 말도 하지 못하고 집으로 돌아가야 했어. 하늘에서는 억수 같은 비가 쏟아져 내렸단다.

솨아아아

터벅터벅

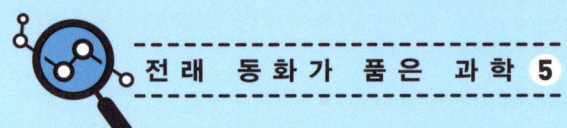

전래 동화가 품은 과학 5

"맑은 하늘에 왜 갑자기 소나기가 내렸을까?"

"햇볕에 뜨거워진 지표면과 차가운 공기가 만났기 때문이야."

하늘에 있어

1 강, 호수, 바다 같은 곳의 물이 증발해.

바다 있다

6 비는 다시 강이나 호수, 바다가 되기도 해. 또는 땅이나 산으로 흘러 동식물들의 갈증을 풀어 주기도 하고, 지하수가 되기도 한단다.

땅속도 있다!

비는 어떻게 만들어질까?

2 증발한 물은 수증기가 되어 하늘 높이 올라가.

3 수증기는 뭉쳐진 후 차가워지고 부피가 커져서 구름이 돼.

4 구름 속 작은 물방울이나 얼음 알갱이가 합쳐지면서 구름은 더 커지고 무거워져.

5 이 물방울들이 떨어지거나 얼음 알갱이들이 떨어지면서 녹은 것이 바로 비야. 얼음 알갱이들이 녹지 않고 떨어지면 눈이지.

새가 낮게 난다! 비가 오겠어.

비는 물의 순환 과정을 통해 땅으로 떨어져.

여름에는 햇볕에 뜨겁게 달궈진 지표면과 차가운 공기 사이의 온도차가 커서 소나기가 많이 내려. 불안정한 대기 때문에 소나기구름이 생기는 거지.

기후 변화가 지구를 위협하고 있어!

원래 북극의 여름은 우리나라의 겨울 정도로 추워. 그런데 여름 기온이 올라가서 빙하가 녹고 있대. 대체 무슨 일일까?

몰라 여기서 울고 싶어

가열된 공기 상승

스코올~

해마다 물난리야

히말라야 쓰나미

우리나라에도 스콜이?

스콜은 좁은 지역에 갑자기 큰 바람이 불거나, 바람과 함께 소나기가 내리는 것을 말해. 주로 열대 지역에서 나타나지만, 언젠가부터 우리나라에서도 발생하고 있어.

인간이 불러온 이상 기후

우리나라뿐만 아니야. 전 세계적으로 기후가 바뀌고 있어. 기온이나 강수량이 정상적인 범위를 벗어난 상태를 이상 기후라고 해.

기후 변화의 원인, 지구 온난화

공장 같은 곳에서 석탄, 석유 같은 화석 연료를 태우면 이산화 탄소가 나와. 이 이산화 탄소가 지구를 둘러싸면서 지구는 하나의 온실이 되어 버렸지. 온실 효과로 지구가 점점 따뜻해지는 지구 온난화가 시작된 거야.

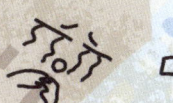

지구 온난화가 지구의 모든 생명체를 위협하고 있어.

기후 변화를 두려워해야 하는 이유

지구 온도가 높아지면서 북극의 빙하가 녹고, 바닷물의 높이가 올라가고 있어. 태평양에 있는 투발루나 키리바시 같은 섬나라는 조금씩 바닷물에 잠기고 있지. 또 기후 변화로 농작물 수확량이 줄어서 식량이 모자라게 될지도 몰라. 기후 변화가 인간과 동식물 모두의 생존을 위협하는 거야.

훈장님과 꿀단지

혹시 서당이 어떤 곳인지 아니? 서당은 조선 시대에 지금의 학교처럼 아이들이 모여 공부하던 곳이야. 서당에는 아이들에게 공부를 가르치는 훈장님과 공부를 배우는 학동들이 있었지.

서당의 훈장님은 지금의 선생님과는 조금 달랐어. 예절을 중요하게 여겨 아이들을 엄하게 교육했거든. 학동들은 당연히 훈장님을 무서워했어. 잘못하면 종아리를 걷고 회초리도 맞았으니까.

한 서당의 훈장님도 그랬어. 늘 아이들에게 올바른 마음가짐과 몸가짐을 강조했어. 공부를 하는 것도 중요하지만, 예의범절이 더 중요하다고 하면서 말이야.

그러던 어느 날, 학동들이 벽장에서 단지 하나를 발견했어. 호기심 가득한 학동들은 훈장님께 바로 물었지.

"훈장님, 이 단지는 무엇입니까?"

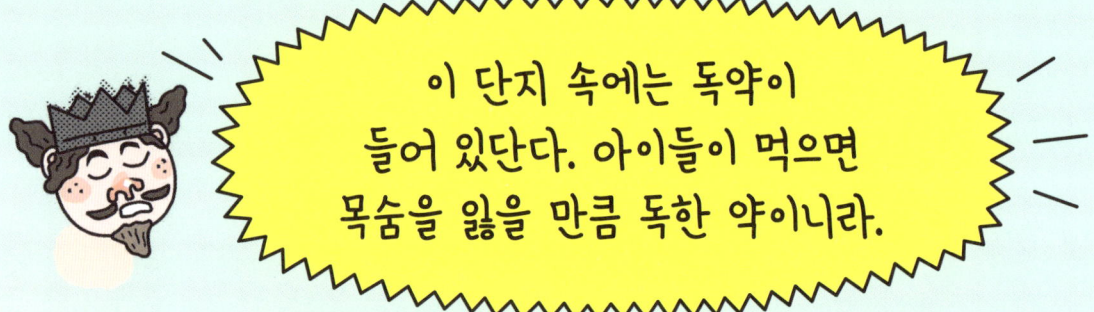

이 단지 속에는 독약이 들어 있단다. 아이들이 먹으면 목숨을 잃을 만큼 독한 약이니라.

훈장님은 평소 같지 않게 헛기침을 했어. 학동들은 조금 이상하다고 생각했지만 '훈장님이 그러시다 하면 그런 줄 알아야지.' 했지.

하루는 장난기가 많아서 훈장님께 자주 꾸중을 듣던 학동이 수업 중에 코를 골아 버렸어. 훈장님이 뒤로 넘어갈 일이었지.

"이놈! 어디 코까지 골며 자는 거냐!"

호되게 혼이 난 학동은 수업이 끝날 때까지 마당에서 벌을 받았어. 수업이 끝나고 친구들이 모두 돌아간 후에도 학동은 홀로 무릎을 꿇고 앉아 있어야 했어. 훈장님이 집에 돌아가란 말을 안 하셨거든. 훈장님도 그 학동이 아직 벌서고 있다는 걸 깜빡한 거야. 학동은 참다못해 훈장님 방문을 살짝 열었어.

　훈장님은 학동이 보고 있는 줄도 모르고, 벽장 속의 단지를 꺼냈어. 그리고 단지 안에 손을 쑥 집어넣고, 꿀을 잔뜩 찍어 입속으로 가져갔지. 훈장님은 두 눈을 지그시 감고 달콤한 꿀맛에 콧노래를 불렀어. 맞아. 단지에는 독한 약이 아니라, 꿀이 들어 있었던 거야.

　이를 본 학동은 다음 날 친구들에게 이 사실을 알려 주었어.

　"얘들아, 훈장님 벽장 속에 있는 단지 말이야. 그 안에 꿀이 들어 있었어. 내가 어제 봤다니까?"

학동들은 모두 깜짝 놀라 입을 벌렸어. 그때는 꿀처럼 귀한 것도 없었거든.

꿀을 한 번도 맛보지 못한 아이들이 많았고, 한두 번 맛보고 그 맛을 잊지 못하는 아이도 있었지.

"정말?"

"야, 나도 한 입만 먹어 보면 소원이 없겠다."

그때 어제 벌을 받던 학동이 말했어.

"우리 딱 한 입씩만 먹어 볼래? 아주 조금이니까 훈장님도 눈치채지 못하실 거야!"

학동들은 허겁지겁 벽장을 열고 단지 안의 꿀을 너도나도 찍어 먹기 시작했어. 달콤한 꿀이 혀끝에 닿자 미소가 맴돌았지. 그 맛이 얼마나 달콤한지 앞으로 닥칠 일은 조금도 생각나지 않았어.

"이야……. 이렇게 맛있는 걸 훈장님만 드셨다니!"

학동들은 달콤한 맛에 취해 순식간에 단지를 깨끗하게 비워 버렸어.

텅 빈 단지를 보고서야 다가올 일이 두려워졌지.

"어떡해! 우린 이제 회초리 맞을 거야……."

앗! 꿀단지 어디 갔어?

뭐?

"망했어. 이거 누가 먹자고 그랬냐?"

"한 번씩만 먹으라니까? 왜 열 번 찍어 먹냐고!"

학동들이 서로를 탓하고 울상이 된 와중에 한 학동이 말했어.

"얘들아. 좋은 생각이 있어!"

잠시 후, 수업 시간이 되었어. 훈장님이 방문을 열고 들어왔지.

그런데 이게 무슨 일이야. 아이들이 모두 드러누워 있고, 훈장님이 아끼는 벼루가 깨져 있는 게 아니겠어? 꿀이 담겨 있는 단지는 깨끗하게 비워져 방바닥에 굴러다니고 말이야. 훈장님은 버럭 화를 냈어.

"이 녀석들아! 이게 무슨 일이냐!"

"저희가 장난을 치다가 훈장님이 아끼시는 벼루를 깨고 말았습니다. 죽을 죄를 지어서, 단지에 든 독한 약을 먹고 죽으려고 했어요."

"훈장님 죄송합니다……. 저희는 이제 죽을 거예요. 그동안 가르쳐 주셔서 감사합니다."

훈장님은 이 말을 듣고 웃음을 터뜨렸어. 학동들의 재치에 더 이상 화가 나지 않았지.

전래 동화가 품은 과학 ❻

"학동들은 꿀의 단맛을 어떻게 알았을까?"

⋮

"혀에 있는 맛봉오리로 맛을 느낀 거야!"

우리가 느끼는 여러 가지 맛

맛에는 크게 단맛, 짠맛, 쓴맛, 신맛, 감칠맛이 있어. 감칠맛은 음식이 당기는 맛을 말해. 매운맛은 왜 없냐고? 매운맛은 '맛'이 아니라 뜨거움과 통증을 느끼는 것이거든.

사람에게는 여러 감각이 있어

눈으로 보는 시각, 귀로 듣는 청각, 코로 냄새를 맡는 후각, 피부로 감촉을 느끼는 촉각, 그리고 입으로 맛보는 미각이 있지!

훈장님 꿀

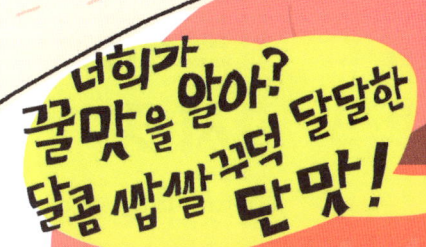

너희가 꿀맛을 알아?
달콤 쌉쌀 꾸덕꾸덕 달달한 **단맛!**

꽃봉오리처럼 생겨서 맛봉오리인가 봐!

혀 전체로 맛을 느껴 봐

예전에는 혀에 구역이 나뉘어 있어서
각 구역마다 느낄 수 있는 맛이 다르다고 알려져 있었어.
하지만 그건 잘못된 정보라고 밝혀졌어.
혀 전체로 모든 맛을 느낄 수 있대.

그건, 미각 아니고 **통증**

고양이는 단맛을 못 느낀다며?

맛을 느끼는 과정

입천장과 혀의 오돌토돌한 돌기에는 맛봉오리(미뢰)가 있어.
맛을 느끼는 맛세포(미각 세포) 약 1만 개가 이 맛봉오리에
모여 있지. 맛봉오리에 있는 작은 구멍 안으로 음식이
들어가면 맛세포가 무슨 맛인지 분석하고
뇌로 전달해 맛을 느끼게 돼.

음식 맛을 온전히 느끼려면 미각뿐 아니라 후각과 시각, 촉각도 필요해!

몸에 좋은 **쑥**입니다.

훈장님~

단맛이 우리의 입맛과 건강을 해쳐!

사탕, 초콜릿, 아이스크림……. 이름만 들어도 달콤한 간식들이지? 하지만 이런 단 음식은 우리 건강에 좋지 않아.

건강을 망치는 단맛

단 음식을 많이 먹으면 혈당*이 올라가서 병에 걸릴 위험이 커져. 또 달콤한 만큼 열량도 높아서 쉽게 비만이 될 수도 있지.
단 음식은 충치의 주된 원인이기도 해.

편식을 부르는 단맛

단 음식은 입맛을 떨어지게 해. 그래서 엄마가 해 준 맛있는 밥은 먹기 싫게 하고, 달콤한 간식만 먹고 싶게 만들지. 하지만 사람 몸은 그런 것들만 먹어서는 건강하게 살 수 없어.

*__혈당이란__ 우리 핏속에 포함되어 있는 포도당을 말해. 혈당이 너무 높아지면 건강에 안 좋아.

건강하게 자라기 위해 골고루 먹는 습관을 들이자!

밥, 빵 속 많은 영양소! **탄수화물**

고기, 콩? **단백질** 견과, 기름? **지방** 과일, 채소 멸치? **비타민과 무기질**

껄껄껄

우리 몸에 꼭 필요한 영양소

탄수화물 밥, 빵 등에 많이 들어 있어.
몸속에서 포도당으로 바뀌어 에너지원으로 쓰여.

단백질 고기, 콩 등에 들어 있어.
우리 몸을 구성하는 기본 요소이자 주요 에너지원이야.

지방 기름, 견과류 등에 많이 들어 있어. 몸에 저장되어서 에너지원으로 쓰이거나 몸을 보호하는 두꺼운 층이 돼.

비타민과 무기질 과일과 채소에 들어 있어.
비타민과 무기질이 부족하면 쉽게 피곤해져.
뼈와 이를 튼튼하게 해 주는 칼슘도 무기질이야.

우리 몸에 꼭 필요한 영양소여도 너무 많이 먹으면 안 좋아.

비타민 사탕 되자